Des rimes sans frime

www.facebook.com/victor.poemes

© 2020, Zabatt, Victor
Edition : Books on Demand,
12/14 rond-Point des Champs-Elysées, 75008 Paris
Impression : BoD - Books on Demand, Norderstedt, Allemagne
ISBN : 9782322211265
Dépôt légal : avril 2020

Aimé

Je t'ai aimé

Tu m'as haï

Je t'aime encore

Seul dans mes nuits

Tu m'as aimé

Je t'ai trahi

On s'est aimé

Jusqu'à l'envie

Je vais souffrir

Du manque de toi

Je vais pourrir

Dans mon ennui

La nuit le jour

Il manque tes bras

Mélancolie

Qui m'envahit

Cette douce flamme

Qui brûle en moi

Une ferveur

Qui ne s'éteint pas

J'entends ta voix

Qui ne se tait pas

Je vois tes yeux

Couleur de nuit

Je vais te graver

Sur ma peau

À mes côtés

Jusqu'au tombeau

Les jours s'entassent

Les mois s'effondrent

Ce purgatoire

Un nouveau monde

Je vais t'attendre

Marcher en rond

Du point du jour

À la pénombre

Je vais t'aimer

À l'infini

Un absolu

Qui me réjouit

Chez Yvette

Le bal de chez Yvette

Nous fait tourner la tête

Au son de l'accordéon

La lueur des lampions

On s'agite on se frotte

Un air à quatre temps

On cherche dans les yeux

Ce moment langoureux

Ces filles sur le banc

Tirées à quatre épingles

Guettent le vaillant

Pour un moment de gringue

Des jupes et des tailleurs

Au plus près de la taille

Un décolleté qui baille

Pour accrocher la caille

Le bal de chez Yvette

Tout le Paris s'en mêle

Les poltrons les caïds

Et même les grosses têtes

Au comptoir c'est Bébert

Patron de la buvette

Un regard de travers

Et attention ça pète

Ses gros bras tatoués

Sont comme des jambons

Embaumés du fumet

De la transpiration

Sitôt une bagarre

Ça part même dans le noir

Des gifles et des crochets

Et des yeux au beurre noir

Tout ça pour une morue

Jalouse d'une tordue

Qui s'est emmouraché

D'un gosse du quartier

Un petit blanc sec

Pour faire tourner les têtes

On se jette et on danse

Pour rentrer dans la transe

Le bal de chez Yvette

On ne peut l'oublier

C'est un lieu de conquête

Pour tous les oubliés

Quand la fête est finie

On rentre tous au bercail

En bus ou en métro

Et voire même par le rail

Quand arrive la nuit

Allongé dans son lit

Dieu qu'elle était belle

Cette douce demoiselle

Une dénommée Nicole

Aux rondeurs qui affolent

Des yeux à l'encre noir

Des frises couleur du soir

Le bal de chez Yvette

C'était comme chez Laurette

C'était bien c'était chouette

Sur des airs qu'on regrette

Yvette a disparue

Perdue dans l'inconnu

Son bal enraciné

Dans ces cœurs désertés

J'arrive

Papa je sais tu en as bavé

Maman heureuse épanouie

Que de plaisirs pour s'offrir

Ce joyau dans la tirelire

Je vais rentrer dans votre vie

Une présence jour et nuit

Doucement je vais grandir

Dans ma bulle m'épanouir

Je vais baigner dans l'insouciance

À l'abri les jambes en l'air

Vivre dans l'indifférence

Pas pressé de prendre l'air

Dans ce cocon lourd à porter

Je pousse les murs pour m'installer

Les jours s'égrainent les mois défilent

Vers ce monde imaginé

Pas de contraintes ni d'obligé

Je me pavane toute la journée

Tous mes habits sont bien rangés

J'aurai le temps de les porter

Papa Maman vous n'êtes pas sage

Je ferme les yeux je n'ai pas l'âge

J'ai tout le temps d'apprivoiser

Dame nature et ses bienfaits

Des souffrances et des douleurs

C'est tout ce que j'ai à te donner

De la patience et un grand cœur

C'est tout ce que tu vas me donner

Les saisons ont défilé

La porte va bientôt s'ouvrir

Étroit passage pour exister

Des seaux de larmes pour m'accueillir

J'ai poussé mon premier cri

Bien sûr ils n'ont rien compris

Un message de bienvenu

À ce monde cet inconnu

Qui sont ces gens autour de moi

Leurs mimiques ridicules

Impatient depuis neuf mois

De voir cette Maman qui m'adule

Serre moi fort dans tes bras

Écoute ce cœur battre pour toi

Tu m'as porté jusqu'à la vie

Je vais t'aimer jusqu'à ta nuit

Là haut

Il est partout

Il est nulle part

Il vit en nous

Suffit d'y croire

On le respecte

On l'adule

On le dénigre

Avec des bulles

On le brule

On le piétine

Quand la confusion

Nous décime

Il donne l'amour

Il donne l'espoir

Il entoure

La lassitude

C'est un refuge

Quand vient le soir

Pour s'abriter

Du désespoir

Un confident

Dans les tourments

De l'oxygène

Pour toutes les peines

Le sang les guerres

Marquent l'histoire

Souvent l'auteur

De ces jours noirs

La paix la foi

Les religions

Un amalgame

En fusion

Le diable rit

Quand tout s'enflamme

Attise la rage

Sans faire de bruit

Des prières

Et des pardons

Pour éloigner

Cette diablerie

Mon amour

Je vais le donner

À ce dieu

Qui n'est pas né

Ma bonté

Je vais l'offrir

À la souffrance

Pour l'apaiser

La nuit

La nuit s'effondre

Au bord du jour

Pour que les ombres

Voient le jour

La lune s'étire

De son écrin

Quand le soleil

S'endort au loin

Une mer d'étoiles

Qui se dévoilent

Se déshabillent

Pour qu'elles brillent

La ville s'endort

Dans son décor

Une rêveuse

Jusqu'à l'aurore

Les amants s'aiment

Se donnent à corps

De l'ivresse

Qu'ils dévorent

Des filles fragiles

Aux mille vertus

Un bon remède

Pour ces tordus

Les chiens aboient

Dans ce silence

L'écho complice

D'insolence

Les chats miaulent

Irrévérence

Entre baston

Et élégance

De la buée

Sur les vitrines

Des élixirs

Sur les comptoirs

Les ronflements

Une tragédie

Texte d'auteur

Qui nous ennuie

Des errants

Qui attendent

Que le soleil

Brûle la chair

La nuit étale

Sa noirceur

Dans ce dédale

De couleurs

Le banc

Elle s'est assise sur ce banc

Les yeux noirs les cheveux noirs

Il fait un froid cinglant

Des gants noirs un manteau blanc

Un ciel gris couvre la ville

Sa tignasse flotte dans le vent

Des joues prises dans le vif

Du rouge aux reflets brillants

Elle attend ce que le temps

Lui a promis depuis longtemps

Les effleurements d'un galant

Les bécots des tourtereaux

Sur ce visage impatient

Ses yeux cherchent la lumière

Ce halo vers l'être cher

Pour voler vers cet amant

La nuit s'empare du jour

Enfermée pour quelques temps

Des lampadaires naissent des ombres

Ces doublures sans paroles

Un air inhospitalier

Aux effets réfrigérants

Elle tremble comme ces feuilles

Prêtes à s'envoler au vent

Dans sa tête arrive le doute

Un mal-être que l'on redoute

Cette odeur quand tout fout le camp

Un plongeon dans le chagrin

Son minois s'est refermé

Son sourire verrouillé

Dans son cœur un coup de froid

Un glaçon resté figé

Il s'est assis sur ce banc

Les yeux verts les cheveux bruns

S'est rapproché très lentement

De cette flamme qui s'éteint

Les regards se sont croisés

Ceux qui font naître les envies

Les mains glacées les cœurs serrés

Vers les fièvres de la nuit

Le cancre

Si j'étais

Dans une classe de poète

Je serais le cancre

L'analphabète

Le vaurien

Qui ne sait rien

Les yeux fixés vers la fenêtre

Le rêveur

Aux yeux rieurs

Très attaché au nom des fleurs

Le passionné

Du temps passé

Même si les vers

M'ont dépassé

Tous ces pieds

Pour trébucher

Devant un mur

D'alexandrins

Des rimes qui riment

Avec l'ennui

Des mots qui filent

Et qui s'empilent

La poésie pour s'évader

Donner du sens à ses idées

Une illusion de fossoyeur

De la laideur bien alignée

J'écris je gomme

Jusqu'au matin

Des strophes énormes

Qui ne valent rien

Des allusions

À la beauté

Je cherche le graal

Pour exulter

Un jour peut-être

J'étalerai

Des sonnets ou des quatrains

Des friandises

Pour les gourmets

Mangeurs de syllabes

Et de pieds

Les filles

Elles sont légères

Parfois mégères

Un brin moqueuses

Très amoureuses

Chaînon manquant

Quand elles s'enfuient

Le temps s'arrête

Un monde sans bruit

Notre énergie

Dans les tourments

Notre aspirine

Quand tout fout le camp

On les adule

On les regarde

Même l'incrédule

Tombe la garde

Elles aiment les fleurs

Et les grands cœurs

Un doux mélange

Vers le bonheur

Elles aiment la vie

Pas de soumission

Raffolent des cris

De nourrissons

C'est un mélange

De douceurs

De flamme vive

Aux allures d'ange

L'indispensable

Tranche de vie

Que l'on savoure

Quel beau mélange

Lundi

Le lundi au soleil

Ça on me l'a déjà dit

Moi j'ai plutôt sommeil

Épuisé par mes nuits

Le mardi je me réveille

Les séquelles sont parties

Je vois enfin le soleil

Celui qu'on m'a promis

Le mercredi pareil

Les enfants sont ravis

Perchés ou la marelle

Ces rites éternels

Le jeudi on sourit

Des projets pour sa belle

Pour lui faire oublier

Une Maman au taquet

Vendredi on décroche

Juste le son des cloches

Pour décompter ce jour

Que c'est long mon amour

Le samedi des envies

Décocher son ennui

Des mamours des amis

Jusqu'au bout de la nuit

Le dimanche c'est la grasse

Le seigneur est en place

C'est pour me rappeler

Qu'il faut recommencer

Ma feuille

J'ai retrouvé ma feuille

Mes rêves et mes pensées

Mon stylo mes ratures

Ils étaient bien planqués

Je vais rester des heures

À sillonner le temps

Regarder la fumée

Qui s'étire lentement

Je vais écrire la nuit

Pour que naisse le jour

Des vers et des couplets

Des liaisons enflammées

Plus de gris sur les mots

Cette couleur qui aigrit

Des pigments de chaleur

Pour exalter les âmes

Des baisers dérobés

Et des corps enlacés

Des joues que l'on caresse

Et des cheveux froissés

Une vie pastorale

Des idylles champêtres

Des cris et des râles

Des penchants qui s'installent

Des sourires et des rires

Des rides qui s'étirent

Des larmes de joie

Des mains qui se serrent

Des amants qui se cachent

Une passion sans relâche

Un désir sans fin

Une faim de plaisirs

J'ai retrouvé ma feuille

Mon envie d'exulter

Je vous offre ces lignes

Une modeste cuvée

Méditation

Nous voilà tous réunis

Un huis clos qu'on nous envie

Des paroles et des pensées

À surtout pas étaler

Les neurones en infusion

Les cerveaux en court bouillon

Si la terre tourne à l'envers

C'est à cause du dernier verre

On navigue dans la sphère

À travers notre univers

Un voyage sidéral

Nos repères ont fait la malle

Sans fumée sans artifices

Une plongée dans nos délires

Une bouteille d'oxygène

Des bouffées juste pour rire

On s' imprègne de potions

Pour atteindre l'exception

De la magie à forte dose

Des illusions que l'on s'impose

On a caché tout ce qui nuit

On a gommé tous nos soucis

Une trêve un monde sans cris

Les jours s'achèvent sans un bruit

On s'éloigne du réel

De ce monde irréel

Accrochés à notre globe

Fraternité intemporelle

On a posé les pieds sur terre

Un retour bien obligé

Réalité au goût acide

Des aigreurs qu'il faut soigner

Moche

Je suis moche

Mais je m'accroche

Pour dérider

Ceux qui m'approchent

Ma main s'égare

Dans mes cheveux

Comme la gloire

Ils se font rare

Dans mes yeux

Un fond de vert

Juste pour voir

Le fond de mon verre

Un visage tendre

Et quelques rides

La vie se trace

Sur mon image

Mon nez s'étire

Comme un empire

Il prend ses aises

Faut que je respire

Pour les oreilles

J'ai rien à dire

Aucun son

En perdition

Une peau rosée

Pour égayer

Jolie couleur

Millésimée

Un sourire

Qui se détache

C'est mon trésor

Mon Caran d'ache

Un cœur énorme

Pour enrober

Ce que je suis

Comme je suis

Cette dérision

Je la partage

Je me trouve beau

Le temps d'une page

Mon chat

Mon chat est parti

Un soir sans un bruit

Il me reste la peine

Et ce vieux coussin gris

Il a griffé mon cœur

Le voilà qu'il saigne

Des cris et des douleurs

Des serments qui s'éteignent

La lune ou le soleil

Pour ne pas qu'il s'égare

La lueur d'un espoir

Retrouver ses yeux noirs

Des ronrons des caresses

Ce partage d'amour

Un vide que je confesse

Quand se lève le jour

Un caractère trempé

Des griffes acérées

Un pelage si doux

Pour effacer le tout

Il me manque sa chaleur

Son langage enjôleur

Une douceur bien ancrée

Dans un coin bien caché

Je conserve ses traces

Qui jamais ne s'effacent

Son empreinte est gravée

Sur ce lit de blancheur

Ma porte reste ouverte

J'ai retiré la clé

Ma fenêtre entrouverte

Jusqu'à la nuit tombée

Ponctuations

On vit en pointillé

Sur un rythme effréné

On rêve en majuscule

Pour effacer le laid

C'est dans les parenthèses

Que se cachent les mots

Des sons qui vous achèvent

Où vous tirent vers le beau

On s'exclament sur des points

Des surprises qui détonnent

Un baiser chaque matin

Pour un jour qui rayonne

S'interroge dans un coin

Quand des regards se croisent

Point de suspension

Des amours qui déphasent

Une virgule pour une pause

Et reprendre son souffle

Avant que tout explose

Comme une bulle de savon

Des tirets alignés

Des lignes pour y croire

Comme ces romans d'amour

Qu'on dévore le soir

Ouvrir les guillemets

Pour nuancer l'histoire

Des amants emportés

Par cette vague d'espoir

Tout fini par un point

Il est parfois trop tard

Les penchants les déboires

Finiront dans le noir

Saltimbanque

Je suis un saltimbanque

Je gribouille et je chante

J'ai dit à mon banquier

Les cigales m'enchantent

J'ai plus le temps d'attendre

Enterré mon ennui

J'arpente cette délivrance

Pour ma biographie

Je frappe à toutes les portes

J'enfonce les préjugés

Je nage dans mes idées

Je ne veux pas couler

Je regarde ma planète

Tout ça n'est pas très chouette

Suffirait d'un coup de pied

Pour tous les réveiller

Des fleurs et des couleurs

En guise de monnaie

Du bleu et des étoiles

Juste pour rêver

Et l'amour dans tout ça ?

Des brindilles qu'on assemble

Des liens que l'on resserre

Qui parfois se desserrent

Quand les cœurs sont colères

Si ton voisin se meurt

De misère de tourmente

N'attends pas que son heure

T'envahisse de honte

Les sourires et les larmes

Des mondes opposés

À chacun son histoire

Ses secrets emportés

Un amour qui s'enfuit

Emporté sans un bruit

Une ombre qui te suit

Une flamme qui ne s'éteint pas

Je continue à chanter

Écrire mes délires

Je reste un saltimbanque

Jusqu'à mes yeux fermés

Tes lèvres

L'amour suprême

Au goût de j'aime

Moelleux baisers

Se diluer

Lèvres sublimes

Effarouchées

Suave esquisse

À croustiller

Douce saveur

Qui se détache

Magma de miel

Que je t'arrache

Volumes gracieux

Et colorés

Désir avide

De se poser

Amarré

À cette peau

Moi le forçat

Désemparé

Ce supplice

De délices

Sombre calvaire

Si je te perds

L'amour je l'aime

Avec un M

Juste une lettre

Et s'embraser

Une bouteille

J'ai versé dans une bouteille

Tout l'amour qu'on peut offrir

Le bouchon cet infidèle

Lentement l'a laissé fuir

Des relents de désespoir

Des sanglots qui ruissellent

L'horizon tombe dans le noir

J'ai perdu mon arc en ciel

Un nuage de délires

Qui déambule autour de moi

Ce penchant évaporé

Il me faut le rattraper

Donnez moi une ficelle

J'ai besoin de l'accrocher

À ce cœur décomposé

Une absence trop cruelle

La raison ou la passion

Échappées de cette fiole

Un mélange volcanique

Une odeur de dynamite

Difficile de choisir

Entre l'exil ou les délires

Roméo et Juliette

Un tramway nommé désir

Écrasé par cette absence

Étouffé par ce silence

Ce fantôme qui me poursuit

Je vais ronger toutes ses nuits

L'enfermer dans ma bouteille

Scellée pour l'éternité

Qu'il tiraille toutes mes nuits

Une demande que je supplie

www.facebook.com/victor.poemes